# Action Populaire

SÉRIE SOCIALE

A. P.

## QUELQUES CONSEILS

à

# Nos Cercles d'Études

---

PRIX DE LA BROCHURE

*Suivant son nombre de pages au moment de l'achat :*

16 pages, 0 fr. 40 — 32 p., 0 fr. 75 ; — 48 p., 1 fr. — 64 p., 1 fr. 50 franco.

---

ACTION POPULAIRE
provisoirement
51, RUE SAINT-DIDIER
PARIS (16e)

MAISON BLEUE
(A. Noël)
RUE DES PETITS PÈRES
PARIS (2e)

# La Paix Sociale

## par l'Organisation chrétienne du Travail.

Lettre pastorale de S. G. Mgr GERMAIN, Archevêque de Toulouse.

(13ᵉ mille)

*Edition adaptée au travail des Cercles d'Etudes.*

| | |
|---|---|
| 1. — L'Intervention de l'Eglise. | 4. — Syndicat patronal, ouvrier. |
| 2. — Les Principes de la Paix sociale. | 5. — La Commission mixte. |
| | 6. — Le Contrat collectif. |
| 3. — L'Organisation professionnelle. | 7. — Les Syndicats féminins. |

Prix : **0 fr. 50** ; franco : **0 fr. 60.**

# Petit Manuel d'Education Syndicale

## par Questions et Réponses.

(30ᵉ mille)

| | |
|---|---|
| I. — L'organisation corporative. | V. — Les devoirs. |
| II. — Le contrat de travail. | VI. — L'activité syndicale. |
| III. — La grève. | VII. — Réponse à quelques difficultés. |
| IV. — Syndicats et syndicats. | |

80 pages in-32 : **1 fr.** franco.

# Le Guide des Sinistrés

Par l'abbé THOUVENIN, directeur des Œuvres du diocése de Nancy.

(12ᵉ mille)

Prix : **1 fr.** ; franco : **1 fr. 15.**

| | |
|---|---|
| **1ʳᵉ Partie. — Réclamation pour dommages de guerre.** | Paiement en nature. — Avances. |
| CHAPITRE I. — Pour quels dommages et à quels sinistrés est-il permis de réclamer ? | Achat des immeubles par l'Etat. |
| CHAPITRE II. — Comment faire sa réclamation ? Comment la faire accepter ? | Cession et délégation d'indemnité. — Déchéances. |
| CHAPITRE III. — Quelle indemnité peut-on réclamer ? Evaluation des dommages. — Remploi et remplacement. | **3ᵉ Partie. — La reconstitution.** |
| **2ᵉ Partie. — Paiement des dommages de guerre.** | Avances sur indemnités de guerre. Avances pour mobiliers. |
| Titres de paiement. — Paiement en espèces. | Avances en nature pour agriculteurs. Avances pour fonds de roulement. Avances pour réparations de maisons. |

# Modèle-Type pour déclarations de dommages de guerre

par L. BOHIN, président de l'Union Lorraine des Syndicats agricoles.

(6ᵉ mille)

Prix : **1 fr. 25** ; franco : **1 fr. 40.**

Le **Modèle-Type** suit ligne par ligne les feuilles officielles mises par l'Administration à la disposition des sinistrés. Il applique les principes contenus dans le *Guide des Sinistrés*.

Bar-le-Duc. — Impr. Brodard, Meuwly & Cⁱᵉ. — 2370,1,20.

# Avis important

Le premier numéro des « Dossiers » annonçait à nos amis la réapparition d'une de nos collections d'avant-guerre, la plus connue, sans contredit, et la plus universellement goûtée : la collection dite des

## BROCHURES JAUNES
### de « l'ACTION POPULAIRE »

Comme autrefois, cette collection sera composée de brochures courtes, alertes, pratiques, publiées en marge de la revue ou puisées dans ses meilleures pages. Elle paraîtra en deux séries :

Nos 1 à 500 — Série sociale et économique.
Nos 501 à 1000 — Série morale et religieuse.

La présentation de notre revue, en feuilles séparées, nous permettant désormais de tenir à jour chacune de ces études, de les *nourrir* et de les *rajeunir* par l'apport indéfini de faits et de chiffres nouveaux, nos lecteurs ne s'étonneront pas qu'elles soient de prix très différents et que le prix de chacune varie avec la date de l'achat.

Ces prix sont les suivants :

16 pages, l'unité 0 fr. 40; — 24 et 32 pages, l'unité 0 fr. 75; — 40 et 48 pages, l'unité 1 fr.; — 52 et 64 pages, 1 fr. 50... franco.

---

**Série sociale.**  *Brochures déjà parues :*

1. — A. P. — L'Action Populaire. Son histoire . 16 pages.
2. — H. du Passage. — Les tendances et les variations du syndicalisme révolutionnaire . 24 »
3. — H. du Passage. — La révolution économique et la transformation sociale . . . . 24 »
4. — H. du Passage. — L'avenir du syndicalisme 24 »
5. — A. P. — Quelques conseils à nos Cercles d'études. . . . . . . . . . . 20 »
6. — L. Barde. — Vers le socialisme agraire . . 48 »

**Série religieuse.**

501. — L. de Grandmaison. — La Théosophie . . 48 pages.

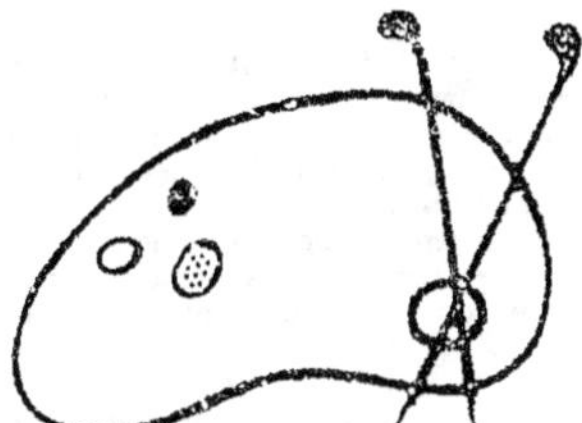

Fin d'une série de documents
en couleur

# Les lois sociales de la 11° législature

## (1914-1919)

Tous les deux mois, et plus souvent si l'abondance de la matière l'exige, nous donnerons dans les « Dossiers de l'Action Populaire » une *chronique législative* qui signalera et analysera brièvement les lois sociales plus particulièrement utiles pour les hommes d'action que sont nos lecteurs.

Mais, avant d'inaugurer cette chronique, il nous semble utile d'indiquer, sans pouvoir évidemment les mentionner toutes, les lois sociales les plus immédiatement utiles votées par la 11ᵉ législature.

Hâtons-nous de dire que ces lois sociales ne sont nées ni d'un plan d'ensemble longuement mûri, ni d'un programme scientifiquement et logiquement établi. La Chambre de 1914, prise au dépourvu par la guerre, a cherché à parer à une situation imprévue par des improvisations plus ou moins heureuses, où l'ordre logique et l'unité de vues font à peu près complètement défaut.

Si la loi du 10 juillet 1915, établissant le *salaire minimum pour les ouvrières à domicile dans l'industrie du vêtement*, a vu le jour, elle le doit aux longs travaux de préparation faits sous les précédentes législatures. On sait la part qui revient à M. de Mun pour la préparation de cette loi qui considère comme salaire minimum celui qui correspond, dans la profession et la région, au gain réalisé par une ouvrière d'habileté moyenne travaillant dix heures en atelier. Le tarif, déterminé par les conseils du travail, ou, à défaut, par des comités de salaires et les comités professionnels d'expertise, doit être revisé tous les trois ans. (*J. O.*, 11 juillet 1915.)

La loi du 26 avril 1917 sur les *sociétés anonymes à participation ouvrière*, qui tend, elle aussi, à l'amélioration du salaire et crée les actions de travail, reste presque inutilisée comme tant de lois utiles. Elle ajoute un titre, le titre VI, à la loi du 24 juillet 1867 sur les sociétés. (*J. O.*, 28 avril 1917.)

On aurait pu croire que l'envahissement complet ou partiel de dix départements et les ravages exercés dans ces départements par l'ennemi auraient amené la Chambre à s'occuper de la question du *loge-*

*ment et des habitations à bon marché* si importante pour les réfugiés d'abord et pour l'ensemble de la population. Dans la réalité elle s'est bornée à voter tardivement la loi du 24 avril 1919 qui règle la situation des *sociétés de crédit immobilier et des sociétés d'habitations à bon marché* et de leurs locataires acquéreurs (*J. O.* du 26 avril 1919) et *la loi du 24 octobre 1919*, qui modifie et complète les lois des 12 avril 1906 et 23 décembre 1912, sur les *habitations à bon marché*, et la loi du 10 avril 1908 relative à la *petite propriété*. Cette dernière loi augmente le chiffre de la valeur locative qui ne doit pas être dépassé pour que les habitations puissent être considérées comme des habitations à bon marché. (*J. O.*, 26 octobre 1919, p. 11913.)

Il faut ajouter que l'art. 14 de *la loi du 31 mars 1919* portant ouverture, sur l'exercice 1919, de crédits provisoires concernant les dépenses militaires et les dépenses exceptionnelles des services civils et applicables au deuxième trimestre de 1919, dite « *loi de finances* », a admis l'attribution par l'Etat, sous certaines conditions, de subventions aux communes, aux offices publics, aux sociétés et aux fondations d'habitations à bon marché, aux bureaux de bienfaisance et d'assistance, aux hospices et aux hôpitaux, ainsi qu'aux caisses d'épargne qui construiront des *maisons à bon marché destinées à être louées à des familles de plus de trois enfants, âgés de moins de seize ans.* (*J. O.*, 1" av. 1919, p. 3342.) De même la *loi du 18 octobre 1919*, modifiant les art. 4 et 10 de la loi du 20 juillet 1895 sur les caisses d'épargne, permet aux caisses d'épargne d'employer, pour la reconstitution des régions dévastées, leur fortune personnelle, même en dehors de leur département, dans les conditions et limites prévues par les sixième et septième alinéas de l'art. 10 de la loi du 20 juil. 1895, par les art. 16 de la loi du 12 av. 1906, 1" et 11 de la loi du 10 avril 1908, 10 et 24 de la loi du 23 déc. 1912, et 5 de la loi du 2 juillet 1913. (*J. O.*, 19 octobre 1919, p. 11570.) Enfin la loi du 27 octobre 1919 facilite le fonctionnement des *offices publics d'habitations à bon marché* et des sociétés d'habitations à bon marché dans les régions dévastées. (*J. O.*, 29 octobre 1919, p. 12054.)

Mais la loi du 9 mars 1918 sur *les loyers* (*J. O.* du 12 mars 1918), et la loi du 23 octobre 1919 prorogeant les **locations verbales** contractées entre le 1" mars 1918, n'ont en rien remédié à la crise du logement. (*J. O.*, 24 octobre, p. 11790.)

Signalons que la loi du 14 avril 1917 rend *insaisissable le mobilier* (mobilier meublant, linge, vêtements et objets de ménage) des *familles nombreuses*.

En matière d'*hygiène* la loi du 19 décembre 1917, sur les *établissements insalubres*, remplace un vieux texte de 1910, sans donner satisfaction aux vœux des hygiénistes. (*J. O.*, 21 décembre 1917, p. 10443.)

La loi du 16 mars 1915 (*J. O.* du 17 mars) interdit la fabrication, la vente en gros et au détail, ainsi que la circulation de *l'absinthe et des liqueurs similaires*, et la loi du 6 mars 1917 interdit l'introduction des *boissons alcooliques dans les usines travaillant pour la défense nationale*.

La loi du 28 mars 1919 a supprimé le *travail de nuit dans la boulangerie*. (*J. O.*, 30 mars 1919.)

Une loi du 7 septembre 1919 (*J. O.*, 9 septembre 1919, p. 9729), institue des *sanatoriums* spécialement destinés au traitement de la tuberculose et fixe les conditions d'entretien des malades dans ces établissements, complétant la loi du 15 av. 1916, qui avait institué des *dispensaires d'hygiène sociale et de préservation antituberculeuse.*

La **protection de la maternité** a fait l'objet de plusieurs lois : loi du 23 janvier 1917 accordant des *secours spéciaux aux ouvrières en état de grossesse* (*J. O.*, 24 janv. 1919) ; loi du 5 août 1917 qui prévoit l'installation de *chambres d'allaitement* dans les usines employant au moins cinquante femmes ; loi du 2 décembre 1917, modifiant la loi du 17 juin 1913, sur le *repos des femmes en couches* (*J. O.* du 5 déc. 1917); loi du 24 oct. 1919, assurant des secours aux *femmes qui allaitent leurs enfants.* (*J. O.*, 26 octobre 1919, p. 11910.)

La **coopération**, sans doute parce qu'elle aide à résoudre le problème de plus en plus difficile de la vie chère, est étudiée et organisée par trois lois : la *coopération de consommation* par la loi du 7 mai 1917 (*J. O.*, 9 mai 1919), qui permet aux coopératives de recevoir des dons et legs et organise le crédit en leur faveur ; la *coopération de crédit* par la loi du 13 mars 1917 (*J. O.*, 16 mars 1919), qui organise, par le moyen de sociétés de caution mutuelle et de banques populaires, le crédit au petit et au moyen commerce, à la petite et à la moyenne industrie ; la *coopération ouvrière de production*, par la loi du 18 décembre 1915, qui établit le crédit au travail. Un fonds de dotation de 2 millions est assuré aux sociétés coopératives ouvrières de production ou de crédit sur l'avance de 20 millions de francs versée au Trésor par la Banque de France en vertu de l'art. 1" de la convention du 11 novembre 1911, approuvée par la loi du 29 décembre 1911. Sur la même avance de la Banque de France 2 millions sont réservés aux sociétés coopératives de consommation et 12 millions aux sociétés coopératives de crédit.

Pour les **assurances sociales** la loi du 25 novembre 1916, concernant les *mutilés de la guerre, victimes d'accidents de travail*, ne fait qu'adapter les lois existantes sur les accidents de travail aux cas nouveaux nés de la guerre. (*J. O.*, 27 nov. 1916.) Celle du 4 sept. 1918 ratifie des traités accordant, par réciprocité, à nos *nationaux travaillant à l'étranger*, le bénéfice des assurances sociales. Par la loi du 25 octobre 1919, la loi du 9 avril 1898 sur les accidents du travail est étendue aux *maladies d'origine professionnelle* (*J. O.*, 27 octobre 1919, p. 11973), et par celle du 17 octobre 1919, les *frais médicaux et pharmaceutiques* sont mis à la charge du chef d'entreprise. (*J. O.*, 18 oct. 1919, p. 11528.)

. En 1915 la loi du 5 juin avait établi un *livret d'assurance sociale* en vue de contracter une assurance de rente à la caisse nationale des retraites pour la vieillesse, et une assurance de capitaux à la caisse nationale d'assurance en cas de décès. (*J. O.*, 11 juin 1915.)

*L'enseignement technique industriel et commercial a été organisé* par la loi du 25 juillet 1919, qui institue des écoles d'enseignement technique et des comités départementaux et cantonaux d'enseignement technique, avec pouvoirs de contrôle et d'initiative (*J. O.*, 27 juil. 1919, p. 7744), tandis que l'*enseignement professionnel public agricole* trouve ses norme. dans la loi du 2 août 1918 (*J. O.*, 4 août 1918), dont il faut rapprocher la loi du 25 octobre 1919, créant et organisant les *chambres d'agriculture.* (*J. O.*, 29 octobre 1919, p. 12050.)

Le *contrat collectif* reçoit l'existence juridique de la loi du 25 mars 1919. (*J. O.* du 28 mars 1919.) Un syndicat ou tout autre groupement d'employés peut faire un contrat collectif avec un patron ou une organisation patronale, à condition que le contrat soit rédigé par écrit et déposé au greffe.

La *journée de huit heures* est établie par la loi du 23 avril 1919 (*J. O.*, 25 avril 1919, p. 4266), dont le projet avait été déposé par le gouvernement, pour prévenir toute agitation, avant même que le traité de Versailles, qui en demande l'acceptation par tous les pays, eût été élaboré par la Conférence de la paix.

Mais le projet sur l'*extension de la capacité civile des syndicats professionnels* n'arrive pas à faire l'unanimité des deux chambres, la question du droit de grève des fonctionnaires ayant trouvé le Sénat irréductible.

Les *démobilisés*, par la loi du 22 novembre 1918 (*J. O.*, 24 nov. 1918), retrouvent leur emploi abandonné à la mobilisation, et l'*acquisition de petites propriétés rurales* leur est facilitée par la loi du 9 avril 1918. (*J. O.*, 10 avril 1918.)

Le *remembrement de la petite propriété rurale* est facilité par la loi du 27 novembre 1918. (*J. O.*, 1" décembre 1918.)

Les *conseils de prud'hommes* voient leur compétence étendue par la loi du 3 juil. 1919, modifiant la loi du 27 mars 1907. (*J. O.*, 6 juillet 1919.)

Les *formalités du mariage* sont simplifiées, la loi du 8 août 1919 modifiant les articles 45, 63, 64, 69, 73, 75, 76, 151, 154, 168, 173, 206, 228 et 296 du Code civil. (*J. O.*, 10 août 1919, p. 8406.)

Pour les *fonctionnaires et agents de l'Etat*, deux lois des 3 oct. 1919, et deux lois du 6 octobre 1919 portent ouverture de crédits en vue de l'amélioration de leurs traitements. (*J. O.*, 7 octobre 1919, pages 11002, 11011, 11016.)

En tout cela pas de vues générales, mais des remèdes de circonstance, de vieilles pièces mises à des habits fatigués. La Chambre de 1914 a résolu au fur et à mesure qu'elle se présentaient et un peu au petit bonheur les difficultés auxquelles elle a dû faire face. Cette absence de méthode nécessitera, sans doute, bien des retouches à son œuvre sociale. Espérons que la nouvelle Chambre aura un programme et saura travailler.

*Action Populaire, 51, rue St-Didier. — Le Gérant :* P. Sambrée.

Bar-le-Duc. — Impr. Brodard, Meuwly & Cie. — 2560,1,20.

# Programme réaliste de Cercle d'étude

*(Suite.)*

## Le programme.

Pour donner satisfaction pleine aux besoins de l'heure il faut préparer les cadres de demain par une formation *quadruple :*

Formation *religieuse,*
Formation *sociale,*
Formation *civique,*
Formation *professionnelle.*

Cette quadruple formation nous donnera les conducteurs d'hommes dont nous avons besoin.

### Formation religieuse.

Nous devons préparer des chefs. Sans conteste, la première formation à leur donner est la formation religieuse. Leur donner seulement une culture profane serait s'exposer à de graves mécomptes. Dépourvus du sens catholique, ignorant des principes religieux, nos dirigeants, si bien formés qu'ils soient de par ailleurs, seraient exposés à dévier et à faire dévier leurs organisations. La première qualité d'un guide, c'est de connaître le chemin, le chemin sûr, et d'avoir la volonté de le suivre.

Former le sens chrétien, la conscience chrétienne du futur chef, tel sera le premier point du programme.

INSTRUIRE. — Il faut viser sans doute à la piété, mais tenir beaucoup à l'*instruction* religieuse.

C'est chose bien étrange : la pratique chrétienne s'allie quelquefois à une profonde ignorance des vérités chrétiennes.

Des hommes intelligents se rencontrent, qui vous disent : « Je ne sais pas grand'chose de la religion, mais je crois, les yeux fermés, je crois à tout, j'ai la foi du charbonnier. »

La foi du charbonnier c'est très bien... pour un charbonnier, à supposer qu'il soit illettré, mais c'est absolument insuffisant pour un homme qui « a des lettres », pour un homme instruit des sciences profanes.

Le déséquilibre, dans un esprit, entre la science profane et la science religieuse, est fort dangereux. Il est presque inévitable que l'homme profane n'entre, une fois ou l'autre, en discussion avec l'homme religieux. Si l'homme profane est un savant et l'homme religieux un ignorantin, le premier aura bien des chances de triompher du second. Devant l'objection lancée par le savant, l'ignorantin restera muet ou se perdra en divagations ridicules. La croyance du savant résistera-t-elle longtemps à l'épreuve ?

Beaucoup de gens instruits ont perdu la foi pour en être restés dans la science religieuse aux études primaires. Par la disproportion, le dénivellement des deux ordres de connaissances, profanes et religieuses, ils mettaient en présence, dans une controverse difficile, un homme mûr et un enfant : l'enfant ne pouvait avoir le dernier mot.

Donc avoir grand soin de relever chez les jeunes gens le niveau de la culture religieuse en même temps que s'élève celui de la culture profane : les deux hommes qui sont en eux discuteront ainsi d'égal à égal.

MÉTHODE. — Certains, avant d'étudier à fond les vérités de la foi, croient aller au plus pressé en s'évertuant sur les « réponses » aux objections contre la religion, c'est-à-dire sur l'apologétique. Bonne intention, mauvaise méthode.

Il vaut infiniment mieux faire connaître d'abord la doctrine catholique : un esprit bien pénétré de la doctrine viendra sans peine à bout des objections courantes.

Où et comment se donnera l'enseignement religieux ? A l'église, en principe, et dans les formes traditionnelles. Mais si nous voulons vraiment une élite, cet enseignement devra se renforcer par le travail plus intensif du cercle d'étude.

Bien menée, l'éducation religieuse du cercle sera particulièrement efficace, car toute passivité est exclue de ce milieu. Le cercle en effet suppose toujours un travail de recherche personnelle.

### Formation sociale.

Il a la formation sociale celui qui possède des idées justes et précises sur les questions dites sociales et conforme sa conduite à ses idées.

LES QUESTIONS SOCIALES ? — On les appelle ainsi parce que leur solution intéresse à des degrés divers la vie, la paix, le progrès de la société.

Sont éminemment sociales les questions religieuses ; sociales aussi les questions économiques, celle du libre-échange par exemple, ou celle des monopoles d'Etat, ou tant d'autres de ce genre, mais l'expression « questions sociales » est réservée par l'usage à des questions intermédiaires, dont le champ s'étend des questions purement écono-miques — neutres et indifférentes d'ordinaire au point de vue moral — jusqu'au domaine des questions strictement religieuses. Des questions morales intervenant toujours dans les questions sociales, celles-ci par celles-là se rattachent au domaine religieux. Et c'est pourquoi, disons-le en passant, l'Eglise affirme son droit d'enseigner et de diriger en matière sociale.

Sont des questions sociales proprement dites : la question de la natalité, la question de l'habitation populaire, la question de la tuber-culose, la question de l'alcoolisme, la question du dépeuplement des campagnes et du retour à la terre, la question du travail féminin, la question du travail à domicile, la question des retraites ouvrières, etc., etc...

Il y en a ainsi des quantités..., mais les dépassant toutes, les dominant toutes, apparaît *la question sociale* au singulier.

Qu'est-ce que LA QUESTION SOCIALE ? — C'est la question des rapports du *capital* et du *travail,* — en termes moins abstraits, la question des rapports entre *employeurs* et *employés,* — en termes concrets, la question des rapports entre patrons et ouvriers, rapports qui s'établissent et se règlent par le *contrat de travail.*

Pourquoi *la* question sociale dépasse-t-elle toutes *les* questions sociales ?

Parce que de sa solution dépendent le sort de millions de salariés, la situation de milliers de patrons et, en fin de compte, l'ordre public, la paix, la sécurité, la tranquillité du pays.

Que les contrats de travail, réglant les conditions de service et la rémunération des salariés — ouvriers et employés — ne soient pas ou ne paraissent pas, à un moment donné, conformes à la justice, c'est le mécontentement qui gronde, la colère qui s'allume, parfois la grève qui éclate avec tout son cortège de misères.

Les socialismes de tous les temps et la plupart des mouvements révolutionnaires sont nés de ce mécontentement et de cette colère.

Il est facile de montrer que la solution de la question sociale inté-resse des millions et des millions de personnes. Calculons un peu : elle intéresse directement patrons et ouvriers de l'industrie, directement patrons et employés de tous les commerces et des banques, directe-ment compagnies et employés de chemins de fer, directement sociétés minières et mineurs, agriculteurs et ouvriers agricoles, etc., etc.,... l'Etat enfin — patron à sa manière — et ses fonctionnaires, ses agents salariés à tous les degrés.

A part le paysan qui cultive seul sa petite propriété sans recourir au service d'autrui, toute la population, peut-on dire, vit sous le régime du contrat de travail. Il importe donc souverainement qu'il soit établi selon toutes les règles de la justice, de l'équité, de l'honnêteté.

Le contrat de travail, qui s'appelle aussi contrat de louage d'ouvrage, contrat de salariat, etc., ressemble par bien des côtés aux autres contrats. Il comporte des engagements ou obligations réciproques : l'ouvrier, l'employé fournit son travail et, en échange, l'employeur, le patron paie la rémunération convenue.

LE CONTRAT DE TRAVAIL, NŒUD DE LA QUESTION SOCIALE. — Rien de plus simple en apparence, mais si nous réfléchissons, nous constatons que le contrat de travail diffère essentiellement des contrats ordinaires : son objet n'est pas une *marchandise* quelconque comme le serait une maison, un champ, un cheval, une voiture : c'est *l'activité d'une personne humaine créée à l'image de Dieu*. L'Encyclique *Rerum Novarum* insiste à plusieurs reprises sur la *dignité* du travailleur ; et la Charte internationale du travail insérée dans le Traité de Versailles découvre, trente ans après l'Encyclique, cette dignité et déclare, en son article premier, que le travail ne doit pas être assimilé à une marchandise.

Quoi d'étonnant si, dans ces conditions, le contrat de travail est devenu le centre, le nœud de la question sociale !

Il définit les obligations propres à chacune des parties. Il règle notamment la *durée* de la journée de travail, le *temps* du travail : travail de jour ou travail de nuit ; le *mode* du travail : travail à la journée, travail aux pièces, etc. ; le *taux du salaire* et le *mode de paiement* du salaire, etc.

Ces clauses, qui intéressent incontestablement la fortune de l'employeur, intéressent mieux que la fortune de l'ouvrier : elles intéressent sa dignité, sa liberté, sa santé, sa vie de famille, et, en raison de certaines répercussions, la liberté et la vie des siens.

Le contrat de travail tend à s'enrichir chaque jour de clauses nouvelles, détaillant de plus en plus, afin d'éviter constestations et malentendus, les conditions du labeur quotidien et précisant même les moyens de conciliation et d'arbitrage en cas de conflit.

Cette réglementation contractuelle détaillée se formule dans le *contrat collectif* de travail qui, une fois pour toutes, fixe, comme son nom l'indique, le statut d'une collectivité de travailleurs.

La collectivité contractante ne sera parfois qu'un groupement occasionnel, amorphe, sans autre lien que la communauté de travail dans un même atelier ; souvent elle sera une association professionnelle légale, c'est-à-dire le *syndicat* de la loi du 21 mars 1884.

Dans une même profession, un même métier, on trouve d'ordinaire des syndicats de patrons et des syndicats d'ouvriers : ces deux associations, patronale et ouvrière, constituent la *corpo-*

*ration professionnelle,* qui est vraiment « organisée » lorsqu'elle possède une commission mixte.

La Commission mixte et le statut du travail. — La *Commission mixte* est la réunion des délégués respectifs des deux parties qui se rencontrent pour causer des affaires de la profession, et, s'il y a lieu, pour discuter et arrêter, d'un commun accord, les clauses d'un contrat collectif de travail ou encore pour apaiser un conflit.

La Commission mixte est appelée à jouer un rôle très important dans l'avenir. Depuis la guerre, le statut présent des travailleurs, ou salariat, est soumis chez tous les peuples aux plus vives critiques : des changements se préparent. Universellement les organisations ouvrières demandent à prendre part à la *gestion* des entreprises. Partout où le problème a été étudié, la Commission mixte est apparue comme l'organisme unique en état de le résoudre à la satisfaction des deux parties, employeurs et employés, sans violation du droit et de la justice.

On ne saurait apporter une trop grande attention à cette question extrêmement grave et délicate du statut des travailleurs : il est indispensable de bien la définir, de l'examiner avec sang-froid et d'adopter virilement les solutions qui s'imposent. L'École sociale catholique a, dès longtemps, prévu l'évolution actuelle et donné les directives nécessaires.

Il va sans dire que l'étude d'un sujet aussi épineux ne saurait être abandonnée à des jeunes gens inexpérimentés, qui, en toute bonne foi, feraient bientôt fausse route. Mais quelles que soient les difficultés, il faut que les dirigeants du cercle initient l'élite de ses adhérents aux données du problème et aux solutions proposées par les hommes de sens rassis. Ne laissons pas aux syndicalistes révolutionnaires le soin de les éduquer.

Par ce raccourci social, on peut se faire une première idée des notions principales que doivent acquérir les membres d'un cercle d'étude : notions sur la question sociale, sur l'organisation professionnelle, sur la commission mixte, sur le contrat collectif, enfin sur le statut du travail.

En définitive, comme il a été dit, ces diverses questions se ramènent à celle du contrat collectif, car le contrat collectif suppose : 1° une organisation professionnelle pour le demander, au besoin l'imposer ; 2° une commission mixte pour le discuter et le signer ; 3° une formule, un texte établissant les obligations réciproques de l'employeur et des employés, texte pouvant donc définir, selon la volonté des parties, dans la forme d'un concordat, le statut des travailleurs attachés à l'entreprise.

Notions complémentaires. — Une bonne formation sociale

exige, outre les connaissances théoriques, des notions précises relativement à l'histoire des organisations professionnelles, tant en France qu'à l'étranger. On ne comprendrait rien à l'évolution sociale de ces dernières années si l'on ignorait par exemple le *syndicalisme socialiste,* — représenté en France par la « Confédération générale du travail » — le trade-unionisme anglais, le syndicalisme chrétien de Belgique, d'Italie et d'ailleurs ; si l'on ignorait, d'autre part, le *capitalisme,* son grand rôle dans l'économie moderne et ses abus déplorables.

A ce propos, notons que notre programme d'études comporte des vues sur les principales *Ecoles sociales :*

       Ecole libérale,

       Ecole socialiste,

       Ecole sociale catholique.

Chacune d'elles a donné sa solution propre à la question sociale. Il est nécessaire de les connaître et de les distinguer nettement. Par ignorance de notre doctrine sociale, de bons catholiques soutiennent parfois les thèses de l'Ecole libérale ou de l'Ecole socialiste, thèses trop souvent amorales, païennes, ou même directement contraires à la justice.

Une bonne formation exige encore des connaissances sur la *législation sociale,* cet ensemble de lois et décrets, groupés dans le Code de travail, qui marquent l'intervention de l'Etat dans les relations des employeurs et des employés en vue de protéger l'ouvrier, surtout la femme ouvrière et l'enfant.

LE SENS SOCIAL. — Enfin, la pierre de touche d'une bonne formation sera le *sens social.*

Il faut entendre par là le sens des intérêts collectifs, le sens de la solidarité et de l'interdépendance des hommes. Naturel ou acquis, le sens social nous fait agir, par une sorte de réflexe, à l'encontre de l'égoïsme et de l'individualisme, conformément aux intérêts de la collectivité à laquelle nous appartenons.

Le sens social n'est, au fond, que le sens de la justice fondu avec le sens de la charité, d'une charité très avertie et très affinée.

L'ENCYCLIQUE *RERUM NOVARUM,* BASE DES ÉTUDES SOCIALES. — Quelles seront la base de toutes nos études et la règle de nos idées sociales ? — L'Encyclique *Rerum Novarum,* sur la « Condition des Ouvriers ».

Ce magnifique document, d'une incontestable actualité, bien qu'il date de 1891, sera le livre toujours ouvert, toujours consulté et toujours écouté. A qui sait le lire et l'entendre, il offre des lumières précieuses, ouvre des horizons infinis. Pour s'en servir avec fruit, il faut une préalable initiation sociale : c'est pourquoi les dirigeants de cercles d'étude se feront un devoir de le méditer, de le pénétrer à fond. Leur sécurité sera grande quand ils se sentiront appuyés, dans leur enseignement, sur les robustes affirmations de Léon XIII.

D'autres documents pontificaux fourniront quelques données complémentaires très utiles pour la solution des difficultés qui ont surgi depuis l'Encyclique *Rerum Novarum*.

### Formation civique.

Cette formation ou éducation ne saurait être égale pour tous. Elle exigerait, pour être parfaite, des connaissances multiples : ce grand effort d'enseignement n'est pas à la portée d'un cercle d'étude ordinaire. Aussi paraît-il sage de ne présenter ici qu'un programme élémentaire, accessible à l'ensemble des jeunes de bonne volonté.

Chacun, selon ses capacités, ou l'effleurera seulement, ou l'approfondira.

Par formation civique, nous entendons la formation du citoyen, du bon citoyen français.

Nous adressant à des catholiques, appelés à devenir des chefs, des dirigeants, nous inscrivons en tête du programme une « matière » assez délicate, mais indispensable : l'étude de la constitution chrétienne des Etats.

Constitution chrétienne des Etats. — De quoi s'agit-il ? Il s'agit, avant de passer à l'étude des institutions françaises, de se faire une idée claire de ce que doit être un Etat chrétien, de ce qu'est l'ordre social chrétien.

Les catholiques d'autrefois, même les illettrés, parce qu'ils connaissaient et vivaient leur religion, possédaient cette idée claire. D'instinct ils appliquaient dans leurs jugements et leurs actes les principes de l'ordre social chrétien ; d'instinct ils donnaient à l'individu, à la famille, à l'Etat, à l'Eglise la place et le rôle marqués par la Providence.

Ces notions se sont, hélas ! oblitérées. Le Pape Léon XIII, dans la mémorable Encyclique *Immortale Dei* du 1er novembre 1885, les a de nouveau rappelées au monde. C'est dans ce document surtout qu'il faudra donc rechercher les sûres directives de la doctrine catholique.

L'Etat français, la Constitution. — Ces directives bien notées, nous passerons à l'étude des institutions publiques de la France. Mais, pour les bien comprendre, il est nécessaire d'avoir des vues générales sur l'évolution historique de notre pays. Œuvre des siècles, elles sont en effet la résultante d'innombrables événements.

Une remarque préliminaire : Une étude de la Constitution

française peut se poursuivre, même entre gens d'opinions politiques différentes, sans provoquer de querelles, si l'on a soin d'exclure de la discussion toute question relative à un changement spécifique du régime établi.

Qu'on se mette simplement en face de notre organisation constitutionnelle, qu'on l'étudie telle qu'elle s'offre aux regards dans sa réalité présente. Si l'on en vient, au cours de cette étude, pour ainsi dire anatomique, à se demander quelles *améliorations* il conviendrait d'apporter au régime, ce ne sera pas du tout empiéter sur le domaine de la politique. Car ce n'est point faire de la politique — de la politique de parti, s'entend — que de chercher à amender, à perfectionner le régime. Cet effort d'amendement ne comporte, en soi, aucune adhésion formelle à la Constitution établie : adversaires et partisans du régime peuvent donc collaborer, sans crainte de compromission, en vue du seul intérêt national.

Dans cette partie du programme nous aurons à faire une étude sommaire de notre droit constitutionnel.

Laissant de côté toute notion abstraite de l'Etat, on étudiera l'organisation des pouvoirs publics, telle qu'elle apparaît principalement dans la loi constitutionnelle du 25 février 1875.

On examinera les Pouvoirs législatif, exécutif, judiciaire.

Pouvoir législatif. — C'est l'autorité qui fait les lois. L'autorité législative réside dans le Parlement : Chambre des députés, Sénat. Ici l'on étudiera comment sont nommés les membres de ces deux assemblées.

Notre système électoral une fois connu, on se demandera quelles sont les réformes nécessaires, les améliorations proposées. Il importe de bien faire saisir le caractère inorganique de ce système qui met seulement en valeur l'*opinion politique* de l'individu, être isolé, séparé de ses bases naturelles, alors que la consultation électorale devrait donner surtout aux *intérêts sociaux* l'occasion de s'exprimer : intérêts de la famille, de la profession, de la cité, de la région économique, de la nation.

S'il convient de passer en revue les diverses propositions sur le scrutin de liste, la représentation proportionnelle, le vote des femmes, le referendum, il sera bon d'insister sur le vote familial et la représentation professionnelle, c'est-à-dire sur les formes *organiques* du suffrage.

Pouvoir exécutif. — C'est le Gouvernement proprement dit, c'est l'Administration générale : l'un et l'autre font *exécuter* les lois. Que la jeunesse du Cercle d'étude acquière des notions élémentaires, mais précises, sur le rôle respectif du Président de la République, des ministres et des administrations qui relèvent de chacun d'eux, enfin des préfets, des sous-préfets et des maires.

Dans le cadre du département nous trouvons à côté du préfet le *Conseil général*, ou assemblée des élus des cantons, et à côté du sous-préfet le *Conseil d'arrondissement* : à propos de cette organisation administrative du département il y aura lieu d'étudier le *régionalisme*, plus que jamais à l'ordre du jour.

L'administration communale est aux mains du *Maire* et du *Conseil municipal*. C'est dans le cadre familier de la commune que chacun de nous vit, se meut, travaille, prend sa part du gouvernement du pays : le Cercle devra donc étudier la loi municipale du 5 avril 1884 avec un soin particulier, d'autant que, dans un grand nombre de cas, il aura, comme objectif réaliste, la formation des futurs conseillers municipaux du lieu.

POUVOIR JUDICIAIRE. — Certains auteurs font rentrer le pouvoir judiciaire dans le pouvoir exécutif : ont-ils tort ou raison ? cela n'intéresse pas un modeste cercle d'étude. Ce qui l'intéresse, c'est l'organisation judiciaire de la France.

Elle comprend plusieurs sortes de juridictions.

On examinera d'abord les plus connues : Justice de paix, Tribunal civil et correctionnel, Cour d'appel, Cour d'assises, Cour de cassation ; ensuite les juridictions professionnelles : Conseil de prud'hommes, Tribunal de commerce, Tribunal militaire ou Conseil de guerre, Tribunal maritime ; enfin les juridictions administratives : Conseil de préfecture, Conseil d'Etat, Tribunal des conflits.

INSTITUTIONS FISCALES. — Après avoir insisté sur le devoir de l'impôt, on étudiera les questions suivantes : budget national, vote des impôts ; impôts directs et indirects ; répartition des impôts ; octrois ; douanes... ; réformes fiscales.

Les institutions pédagogiques, les institutions militaires et, successivement, toutes les organisations se rattachant aux divers ministères compléteront le programme.

QUELQUES RECOMMANDATIONS. — De l'organisation de l'Eglise de France, nous ne dirons rien, parce que cette question appartient au programme de formation religieuse, mais il sera très avantageux de considérer et de comparer les institutions des deux sociétés, société civile et société religieuse : cette étude parallèle redressera bien des idées, notamment sur les relations de l'Eglise et de l'Etat, la loi de Séparation, etc...

Qu'on ne s'effraie pas de ce programme. Il dépasse à peine celui des enfants des écoles primaires : pour s'en convaincre, il n'est que d'ouvrir un manuel scolaire quelconque. Le programme est élastique, il est vrai : repris par des jeunes hommes, il ouvrira des horizons que ne saurait atteindre le regard des petits écoliers.

Une observation sur la méthode à suivre. Au lieu de commencer l'étude par en haut, c'est-à-dire par les généralités sur la constitution chrétienne des Etats et l'organisation des pouvoirs publics pour descendre ensuite de degré en degré jusqu'à l'organisation communale, certains groupes trouveront avantage à commencer par en bas. Qu'est-ce à dire ?

Ils appliqueront la méthode d'observation directe, portant leurs yeux et leurs réflexions d'abord sur le citoyen qu'est chacun d'eux, sur ses droits et ses devoirs, puis sur la famille, puis sur la profession, puis sur la commune et la paroisse. Elargissant peu à peu le cercle de leur enquête, ils remonteront de la commune au canton, du canton à l'arrondissement, de l'arrondissement au département et au diocèse, du département à la *région*, de la région à la nation et à l'Etat. Ils réserveront leurs observations dernières pour l'Eglise et la Catholicité.

Parvenus à ce terme, ils auront toute liberté, si le cœur leur en dit, d'aborder la question de l'internationalisme et de la *Société des nations*. Mais ce terrain-là n'étant pas bien sûr encore, il sera prudent de ne pas s'y aventurer sans guide.

## Formation professionnelle.

Nous ne dirons que peu de choses sur cette quatrième partie.

L'AME PROFESSIONNELLE. — A proprement parler, un cercle d'étude ordinaire n'est pas qualifié pour apprendre à ses membres une *technique* de métier. Mais si le cercle n'a pas à former la main du technicien, il peut prétendre, en toute justice, à façonner sa mentalité professionnelle, son esprit, sa conscience.

Reprenons l'exemple d'un cercle d'étude rural. Donner la formation professionnelle ne consistera pas à enseigner la technique agricole, c'est-à-dire l'art des cultures et des élevages, mais à inculquer l'amour et la passion de la terre, l'attachement au sol ancestral et au foyer, le goût du travail et de la compétence, l'esprit de progrès, à développer le sens social du terrien, contrepied de l'égoïsme et de l'individualisme, qui l'orientera vers toutes les formes de l'association et de la coopération agricoles.

Il aurait une bien pauvre éducation terrienne l'agriculteur qui, ne s'élevant pas au-dessus de la simple technique professionnelle, resterait étranger au domaine des sentiments et des idées, en d'autres termes, à la vie spirituelle des campagnes.

Rien n'empêche d'ailleurs de développer les connaissances techniques par le moyen du cercle d'étude, car il est évident qu'un professionnel de valeur jouira toujours d'une autorité plus grande, mais il ne faudrait point exagérer dans cette ligne :

le cercle d'étude a ses objectifs propres qu'il ne faut pas perdre de vue. Formez bien la mentalité de vos cadres, ils ne manqueront pas de vous demander des cours professionnels : vous les organiserez en dehors du cercle.

La transposition de ces données d'un cercle à un autre, d'un groupe rural à un groupe urbain ne présente aucune difficulté. Chaque métier a son âme et sa vie spirituelle propres : âme trop souvent égarée, perdue ; vie spirituelle trop souvent étouffée par le matérialisme ambiant.

Attachons-nous à retrouver l'âme des métiers, à faire refleurir la vie morale de la profession, à former la conscience professionnelle. Dans l'histoire des ancienne corporations et confréries, et aussi dans la contemplation des grandeurs modernes du travail nous recueillerons sans peine, si nous regardons toutes choses avec des yeux chrétiens, les traits essentiels de ces âmes diverses.

### Conclusion.

Telles sont les grandes lignes d'un programme de cercle d'étude. Le champ est vaste, mais des satisfactions intimes et des résultats tangibles paieront largement la peine prise.

Sur quel point insister le plus ?

Si l'on met hors de comparaison la formation religieuse qui doit partout et toujours tenir le premier rang, il nous semble que la plus grande somme d'efforts et d'attention devrait porter sur la formation sociale.

Elle importe plus encore au bien général que la formation civique et la formation professionnelle.

Les questions sociales dominent en ce moment le monde et passionnent l'humanité entière. En leur nom et pour les résoudre, des révolutions bouleversent la vie des peuples. Les catholiques n'ont le droit d'abandonner ni le présent ni l'avenir aux socialistes.

Qui se désintéresse des études sociales se rend incapable de comprendre les grands problèmes de l'heure, incapable, par conséquent, de guider, de diriger ses concitoyens ; il se condamne à vivre en enfant au milieu des plus graves événements, en enfant qui a des yeux pour ne point voir, des oreilles pour ne point entendre.

On donnera donc un soin plus attentif à la formation sociale, d'autant que — la question sociale étant une question morale — elle est, en réalité, partie intégrante de la formation religieuse, et comprend, à son tour, si l'on examine le fond des choses, la formation professionnelle entendue comme il a été dit.

*25 janvier 1920.*

## BIBLIOGRAPHIE

Il semble inutile de donner des renseignements bibliographiques sur la première partie du programme : les ouvrages à consulter sont connus de tous. Signalons un répertoire raisonné qui, pour tout l'ensemble de ce programme, rendra les plus grands services :

Frédéric Duval : *Les livres qui s'imposent.* — Beauchesne, 117, rue de Rennes, Paris. 1912, 6 fr. Une nouvelle édition est en préparation.

**Formation sociale.** Bibliographie pour : 1° **débutants :** .
*Petit manuel d'éducation syndicale,* par questions et réponses. — Action popul., 1919, 80 pages in-32, 1 fr. net, franco.
*La paix sociale par l'organisation chrétienne du travail,* par Mgr Germain, arch. de Toulouse. — Edit. de l'*Act. pop.,* 1919, 0 fr. 50.
*Le syndicalisme,* causeries, par O. Jean (C' J. Oursel). — *Action populaire,* nouvelle édition, 1919, 1 fr. 75.
2° **dirigeants :** Encyclique *Rerum Novarum :* édition de l'abbé Tiberghien, avec notes : *Action populaire,* 1919, 1 fr. 25.
*Manuel d'économie sociale,* par le P. Ch. Antoine. — Alcan, 5° édit.
*Manuel de sociologie cathol.,* par A. Belliot, O. F. M. — Lethielleux.
*Année sociale internationale,* de l'*A. P.,* 4 vol., 1910-1914, 10 fr. le vol.
*Guide social,* 10 vol. 1904-1913-14; 2 fr. 30 ou 3 fr. 30 le vol.
*Les Semaines sociales,* cours professés. — Lyon, rue du Plat, 16. 10 vol. Abondante bibliographie à la fin de chaque volume.
*Les Ecoles catholiques d'économie politique et sociale* en France au xix° siècle, par M. Eblé. — Giard et Brière, 1905, 7 fr. (?)
*Les systèmes socialistes et l'évolution économique,* par M. Bourguin. — Colin, 1904, 10 fr. (?)
*Histoire des Corporations de métiers,* par Et. Martin Saint-Léon. — Alcan, 10 fr. (?)
Publications récentes : *Cours d'économie politique,* par Charles Gide, 5° édition, 1919, 2 vol., 16 fr. 50 le vol. (?) Libr. du Recueil Sirey.
*L'avenir du syndicalisme,* par M. H. du Passage : *Etudes,* 5 et 20 mai 1919; — *Congrès de la. C. G. T.,* par M. Guérin : *Chronique sociale de France,* octobre 1919, 16, rue du Plat, Lyon. — Chroniques sociales de *Frères d'armes,* 14, rue d'Assas, Paris, VI°, en particulier : *Les divers socialismes,* 1" octobre 1919.

**Formation civique :**
Encyclique *Immortale Dei* sur la constitution civile des Etats : édition de l'abbé Tiberghien. — Duvivier, Tourcoing, 1919. 1 fr. 25.
On trouvera les autres questions dans tous les manuels de droit constitutionnel et de droit administratif, ou dans les manuels scolaires.

**Formation professionnelle :**
*Hist. des corpor. de métiers,* par E. Martin Saint-Léon (voir ci-dessus).
*L'âme paysanne,* par le D' Emm. Labat. — Delagrave, 1919, in-18.

*Action Populaire,* 51, rue St-Didier. — Le Gérant : P. Sambrée.

Bar-le-Duc. — Impr. Brodard, Meuwly & Ci°. — 2360, r, 20.

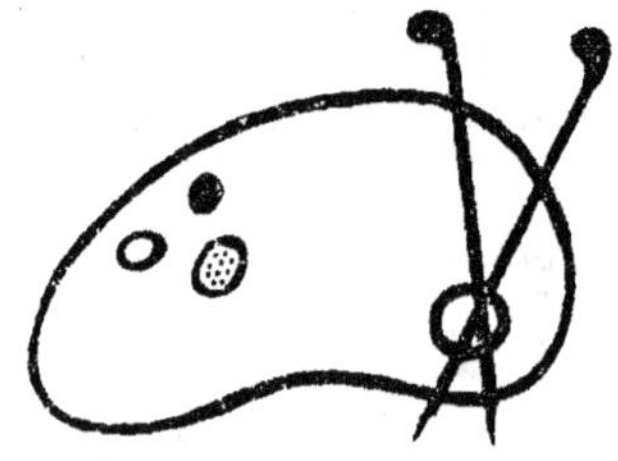

Original en couleur

NF Z 43-120-8

# Table des Matières



*Not.* — Cette distribution en brochures, loin de gêner ceux de nos abonnés qui utilisent notre *Classeur*, leur rendra au contraire le très grand service d'unir, à l'intérieur même du Classeur, les feuillets qui se rapportent à un même sujet. Cette cohésion simplifiera encore les recherches et, surtout, évitera la dispersion de pages destinées à se rejoindre.

---

*Publications récentes de l'Action Populaire :*

# LE SYNDICALISME

## Son origine — Son organisation — Son rôle social

**Par O. JEAN**
(Commandant JEAN OURSEL, Chef de Bataillon du Génie)
Tué à l'ennemi le 17 août 1916.

Un volume in-12 : **1 fr. 75** *franco.*
(14ᵉ mille)
*Édition nouvelle, remise à jour.*

Les Corporations au moyen âge. La loi Chapelier (1791). Ses conséquences.
La loi de 1884 et ses améliorations possibles.
La législation sociale.
Le Syndicat, organe de pacification et d'organisation.

Le Syndicat et les Coopératives de production et de consommation.
Le Syndicat et la Vie professionnelle de l'ouvrière.
Le Syndicat et la Mutualité.
L'esprit syndical.

www.ingramcontent.com/pod-product-compliance
Lightning Source LLC
LaVergne TN
LVHW020414060726
842525LV00006B/2055